DIVALDO FRANCO
PELO ESPÍRITO
JOANNA DE ÂNGELIS

PENSAMENTOS DE
JOANNA DE ÂNGELIS

Salvador
1 ed. – 2024

©(2014) Centro Espírita Caminho da Redenção
Site: https://mansaodocaminho.com.br
Edição: 1. ed. (3ª reimpressão) – 2024
Tiragem: 1.000 exemplares (milheiros: 16.000)
Coordenação editorial: Lívia Maria C. Sousa
Revisão: Iana Vaz · Lívia Maria C. Sousa
Capa: Ailton Bosco
Editoração eletrônica: Ailton Bosco
Colaboradoras: Maria Piedade Bueno e Suely Caldas Schubert
Coedição e publicação Instituto Beneficente Boa Nova

PRODUÇÃO GRÁFICA
LIVRARIA ESPÍRITA ALVORADA EDITORA – LEAL
E-mail: editora.leal@cecr.com.br
DISTRIBUIÇÃO: INSTITUTO BENEFICENTE BOA NOVA
Av. Porto Ferreira, 1031. Parque Iracema. CEP 15809-020
Catanduva-SP.
Contatos: (17) 3531-4444 | (17) 99777-7413 (WhatsApp)
E-mail: boanova@boanova.net
Vendas on-line: https://www.livrarialeal.com.br

Dados Internacionais de Catalogação na Publicação (CIP)
(Catalogação na fonte)
BIBLIOTECA JOANNA DE ÂNGELIS

(F825)	FRANCO, Divaldo Pereira. (1927)
	Pensamentos de Joanna de Ângelis. 1. ed. / Pelo Espírito Joanna de Ângelis [psicografado por] Divaldo Pereira Franco, Salvador: LEAL, 2024.
	160 p.
	ISBN: 978-85-8266-086-7
	1. Espiritismo 2. Psicografia 3. Reflexões morais I. Divaldo Franco II. Título
	CDD: 133.93

Bibliotecária responsável: Maria Suely de Castro Martins – CRB-5/509

DIREITOS RESERVADOS: todos os direitos de reprodução, cópia, comunicação ao público e exploração econômica desta obra estão reservados, única e exclusivamente, para o Centro Espírita Caminho da Redenção. Proibida a sua reprodução parcial ou total, por qualquer meio, sem expressa autorização, nos termos da Lei 9.610/98.
Impresso no Brasil | Presita en Brazilo

Índice

Página	Capítulo
07	Pensamentos de Joanna de Ângelis
09	Amor
69	Consciência e saúde
115	Confiança em Deus

Pensamentos de Joanna de Ângelis

Os pensamentos constituem o reflexo do ser profundo exteriorizando as aspirações e os objetivos essenciais da vida.

Breves ou complexos expressam o estágio de evolução de cada ser.

Todas as realizações originam-se no pensamento.

Posteriormente na verbalização até transformar-se em ação.

A vida é resultado do Psiquismo Divino que a gerou, e o Celeste Pensamento adorna-a de belezas e experiências, a fim de que desabroche em sabedoria e plenitude no ser humano.

Pensa no Bem, e ele dominará a tua conduta, contribuindo para a tua perfeita sintonia com a Fonte Geradora.

Salvador, 9 de janeiro de 2014.
Joanna de Ângelis

Amor

Joanna de Ângelis / Divaldo Franco

O amor é antídoto para todas as
causas do sofrimento,
por proceder do Divino Psiquismo,
que gera e sustenta a vida em
todas as suas expressões.

(*Plenitude*. 18. ed., p. 40.)

Pensamentos de Joanna de Ângelis

Ao Evangelho de Jesus, desvestido das indumentárias luxuosas e equivocadas com que o sombrearam através dos séculos, cabe a tarefa de oferecer o amor como solução para os graves problemas que aturdem e desorientam as massas.

(*Entrega-te a Deus*. 1. ed., p. 67.)

Joanna de Ângelis / Divaldo Franco

Respeita todas as crenças e crenças nenhumas, mas não te omitas, deixando de semear a luz do eterno amor.

(*Entrega-te a Deus*. 1. ed., p. 24.)

Pensamentos de Joanna de Ângelis

Toda crença religiosa
que se firma no amor
é digna de respeito
e de carinho.

(*Entrega-te a Deus*. 1. ed., p. 152.)

Joanna de Ângelis / Divaldo Franco

Quando Jesus tomou como base da Sua mensagem o amor, o mundo renovou-se de um para outro momento, diferente esperança tomou conta das multidões, novos horizontes foram traçados para a Humanidade...

(*Jesus e vida*. 1. ed., p. 113.)

Pensamentos de Joanna de Ângelis

A presença de Jesus
é a Luz do mundo,
que o mundo não tem
sabido aproveitar,
recusando-a em favor
da *sombra* que permanece
dominadora.

(*Libertação do sofrimento*. 1. ed., p. 54.)

Ninguém antes concedeu

ao amor a glória que merece,

por ser a alma do Universo

no pulsar do

Pensamento Divino,

senão Jesus.

(*Libertação do sofrimento*. 1. ed., p. 89.)

Pensamentos de Joanna de Ângelis

Mas Jesus, o símbolo vivo do amor, cada dia está mais presente no mundo, e tudo quanto disse e fez tornou-se paradigma para a nova civilização que surgirá dos escombros desta que sucumbe sob os camartelos da verdade.

(*Entrega-te a Deus*. 1. ed., p. 127.)

Joanna de Ângelis / Divaldo Franco

O Calvário de Jesus,
assinalado pelos sofrimentos,
tornou-se a véspera da
madrugada rutilante da
Sua ressurreição gloriosa.

(*Liberta-te do mal.* 1. ed., p. 100.)

Pensamentos de Joanna de Ângelis

Quando Francisco de Assis saiu a pregar a humildade, a renúncia, o amor, foram muitos os nobres, os ricos, os poderosos que abandonaram tudo e se lhe renderam emocionados, seguindo-lhe as pegadas por dedicação a Jesus e ao Seu Evangelho.

(*Garimpo de amor*. 6. ed., p. 184.)

Joanna de Ângelis / Divaldo Franco

Seja qual for a provação em que
te vejas situado, abre-te a Jesus e a
Ele entrega-te em confiança.
Ele é o Caminho.
Avança, mesmo que destroçado.
Ele é a Verdade.
Nutre-te com a Sua sabedoria.
Ele é a Vida.
Aguarda um pouco, na fé, e te
adentrarás na Sua plenitude.
Matar ou matar-se, nunca!

(*Momentos de renovação*. 3. ed., p. 74.)

Pensamentos de Joanna de Ângelis

O amor é o

teu caminho,

porque procede de Deus,

que te criou.

(*Momentos de saúde e de consciência.*
1. ed. p. 139.)

Joanna de Angelis / Divaldo Franco

No ser humano brilha a
sublime centelha de Deus,
que deve ser mantida
com os recursos da
afetividade superior.

(*Ilumina-te*. 1. ed., p. 66.)

Pensamentos de Joanna de Ângelis

Não fosse o amor de Nosso Pai, e a vida seria um fenômeno espúrio do acaso, candidata à desintegração, por absoluta falta de finalidade.

(*Entrega-te a Deus.* 1. ed., p. 131.)

Joanna de Ângelis / Divaldo Franco

A vida é um maravilhoso *milagre* do Universo.
Ínsita em todas as expressões imagináveis,
é Lei de amor funcionando no seu mais profundo significado.

(*Psicologia da gratidão*. 2. ed., p. 72.)

A vida

é impossível

sem o amor.

(*Plenitude*. 18. ed., p. 61.)

Quando a inteligência conduz o amor, há lógica e razão. Mas quando o amor dirige a inteligência, a compaixão expressa-se e a caridade toma conta dos comportamentos humanos.

(*Jesus e vida*. 1. ed., p. 25.)

Pensamentos de Joanna de Ângelis

A compaixão é
sentimento natural,
espontâneo, que caracteriza
o espírito maduro
e elevado.

(*Jesus e vida*. 1. ed., p. 23.)

Pequenos exercícios de solidariedade, de compaixão, de bondade, de gentileza criam condições favoráveis à paz, diminuindo a incidência dos crimes e da alucinação em predomínio no mundo.

(*Liberta-te do mal*. 1. ed., p. 106.)

O amor possui
dimensão infinita.
Quanto mais se distende,
mais espaço
adquire para crescer.

(*Garimpo de amor*. 6. ed., p. 37.)

Há *moedas* esquecidas que se podem tornar dádivas de importância, tais como a hospitalidade fraternal, a expressão de cortesia, o gesto de amizade, a participação no sofrimento alheio, o sorriso gentil, que não custam dinheiro e, em certos momentos, são mais valiosos do que ele.

(*Momentos de renovação*. 3. ed., p. 27.)

Torna dócil a tua voz,
nestes turbulentos
dias de algazarra,
e gentis os teus gestos
ante os tumultos e
choques pessoais...

(*Entrega-te a Deus*. 1. ed., p. 30.)

Joanna de Ângelis / Divaldo Franco

Sempre há lugar para quem deseja servir sem exigências, sendo muito bem recebida qualquer cooperação espontânea.

(*Entrega-te a Deus*. 1. ed., p. 44.)

Pensamentos de Joanna de Ângelis

Todo o bem que faças,
utilizando as energias
mediúnicas, a ti mesmo
fará um grande bem.

(*Entrega-te a Deus*. 1. ed., p. 53.)

Os valores realmente positivos são aqueles que não pesam nem ocupam espaços materiais, mas que se restringem às dimensões emocionais livres de posse e de paixão. São eles que trabalham em favor da felicidade real do indivíduo, porque nunca se perdem, jamais são roubados ou sofrem envelhecimento. Sempre atuais, são grandiosos, porque iluminam a vida.

(*Garimpo de amor*. 6. ed., p. 182.)

A palavra de amor e de esclarecimento que nasce nas emoções da solidariedade e da compaixão transforma-se em estrela luminífera, mantendo claridade esfuziante à sua volta.

(*Entrega-te a Deus*. 1. ed., p. 102.)

Joanna de Ângelis / Divaldo Franco

O amor jamais desiste de levar
adiante as obras de
engrandecimento moral
e espiritual da Humanidade,
porque se estrutura nos
valores éticos da vida.

(*Entrega-te a Deus*. 1. ed., p. 130.)

Pensamentos de Joanna de Ângelis

O amor é a alavanca propulsora do bem que se esparze na Terra. Sem a sua presença, a natureza seria árida e a beleza que brilha em toda parte ficaria reduzida ao desencanto e à degradação...

(*Entrega-te a Deus.* 1. ed., p. 131.)

Joanna de Ângelis / Divaldo Franco

A experiência da bondade gera o hábito da solidariedade, que desenvolve os sentimentos nobres dormindo latentes em todos os indivíduos.

(*Momentos de renovação*. 3. ed., p. 117.)

Pensamentos de Joanna de Ângelis

Não deixe ninguém

afastar-se de ti

sem que leve um traço

de bondade ou um

sinal da paz da tua vida.

(*Momentos de renovação*. 3. ed., p. 27.)

Ninguém que seja saudável pode viver sem o contributo especial da alegria, que é um hino de louvor à vida e ao Universo.

(*Entrega-te a Deus*. 1. ed., p. 78.)

Pensamentos de Joanna de Ângelis

Aprende a ser feliz, amando e ajudando, de modo que esse tesouro nunca te seja retirado, antes se faça multiplicado.

(*Ilumina-te*. 1. ed., p. 42.)

Joanna de Ângelis / Divaldo Franco

Renasceste para construir o mundo melhor. Desarma-te em relação aos agressores, aos sofredores, aos trânsfugas do dever, e ama-os. Abre-lhes o coração, irradiando ternura e fraternidade.

(*Rejubila-te em Deus*. 1. ed., p. 27.)

Começa a amar todos
que se te acerquem,
especialmente aqueles que mais
te sensibilizem, sem exigires nada
em retribuição, e ficarás rico de
harmonia interior.

(*Rejubila-te em Deus*. 1. ed., p. 139.)

Joanna de Ângelis / Divaldo Franco

Da amizade ao amor basta um passo, isto é: à medida que o sentimento se engrandece, adquire dimensão de afetividade profunda.

(*Jesus e vida*. 1. ed., p. 66.)

Pensamentos de Joanna de Ângelis

A amizade é como o Sol que aquece e vitaliza, favorecendo o desenvolvimento da vida e ampliando os horizontes existenciais, aos quais oferece beleza, harmonia e faculta desafios para serem conquistados.

(*Jesus e vida*. 1. ed., p. 63.)

Joanna de Ângelis / Divaldo Franco

A amizade prolonga
a existência física e
embeleza as emoções.

(*Jesus e vida*. 1. ed., p. 65.)

Pensamentos de Joanna de Ângelis

Amigos são bênçãos
que devem ser cultivadas
com carinho,
respeito e consideração.

(*Jesus e vida*. 1. ed., p. 66.)

Joanna de Ângelis / Divaldo Franco

Harmoniza-te,
confia nos amigos e
desculpa os inimigos,
não duelando mental ou
fisicamente com
ninguém.

(*Jesus e vida*. 1. ed., p. 107.)

Pensamentos de Joanna de Ângelis

O amor, entretanto, é a mais eficiente lição para o autoencontro, para a autorrealização, para a construção da sociedade mais feliz e mais pacífica.

(*Jesus e vida*. 1. ed., p. 110.)

Joanna de Ângelis / Divaldo Franco

Ouvir-se com simpatia o que o

outro fala é dever social

e humanitário,

porquanto todos têm

algo a dizer, e não apenas o

compromisso de escutar.

(*Rejubila-te em Deus*. 1. ed., p. 125.)

Pensamentos de Joanna de Ângelis

Sê simples e espontâneo,
gentil e cordato. Os valores
ético-morais, que dignificam,
aproximam as pessoas umas das
outras em saudável intercâmbio
responsável pelo progresso
individual e coletivo
da sociedade.

(*Rejubila-te em Deus*. 1. ed., p. 104.)

Joanna de Ângelis / Divaldo Franco

O homem generoso
irradia simpatia e gera
bem-estar
onde se encontra.

(*Plenitude*. 18. ed., p. 71.)

Reserva qualquer espaço de tempo para diminuíres a carência vigente. Não alegues cansaço, nem te apresentes desanimado. O que tens, escasseia noutras pessoas. Conforme gostarias de receber um pouco daquilo que eles possuem em quantidade, começa por seres tu, aquele que oferece primeiro.

(*Momentos de renovação*. 3. ed., p. 116.)

Joanna de Ângelis / Divaldo Franco

Quando se busca o amor, possivelmente não será encontrado em pessoas, lugares ou situações que pareçam propiciatórias. É indispensável descobri-lo em si mesmo, de modo a ampliá-lo no rumo das demais pessoas.

(*Atitudes renovadas*. 2. ed., p. 77.)

Pensamentos de Joanna de Ângelis

O altruísmo,
que é lição viva de caridade,
expressão superior do sentimento
de amor enobrecido,
abre as portas à ação,
sem a qual não teria
sentido a sua existência.

(*Plenitude*. 18. ed., p. 69.)

Joanna de Ângelis / Divaldo Franco

Há uma regra para melhor identificar-se o bem em relação ao mal, que é a utilização do amor em seu sentido amplo e universal, que oferece a resposta mais hábil para a condução equilibrada de si mesmo e o trabalho generalizado em favor de todos.

(*Em busca da verdade*. 2. ed., p. 205.)

Pensamentos de Joanna de Ângelis

O líder do Bem é diferente, porque se faz condutor da paz e da esperança, da solidariedade e do amor, às vezes, sendo também imolado em fidelidade aos sentimentos íntimos de que é portador.

(*Liberta-te do mal.* 1. ed., p. 59.)

Joanna de Ângelis / Divaldo Franco

Se desejas

tranquilidade,

ama e

serve sempre.

(*Liberta-te do mal.* 1. ed., p. 75.)

Não se encontra a felicidade fora do amor, que é o elã sublime de ligação entre todas as forças vivas da Natureza, é o alimento das almas, o fortalecimento da psique, é vida e força espiritual.

(*Em busca da verdade*. 2. ed., p. 80.)

Joanna de Ângelis / Divaldo Franco

Quanto mais se decantam as bênçãos do amor, ei-lo que se distende em múltiplas direções, adquirindo tonalidades fascinantes e desconhecidas, em contínuo convite à beleza e à vida.

(*Liberta-te do mal*. 1. ed., p. 89.)

Pensamentos de Joanna de Ângelis

Quanto possas, ama, sem as expectativas de retribuição, porquanto ditoso é quem distribui afeto e não aquele que aguarda ser recompensado.

(*Liberta-te do mal*. 1. ed., p. 93.)

Joanna de Ângelis / Divaldo Franco

A felicidade de poder

repartir é sempre

maior do que aquela

que convida

a acumular quando

o próximo tem carência.

(*Momentos de renovação*. 3. ed., p. 26.)

Pensamentos de Joanna de Ângelis

Renasceste para transformar lágrimas em sorrisos, para socorrer os infelizes de todo porte onde quer que se encontrem, para modificar as paisagens tristes e enfermiças em santuários de ternura e de beleza.

(*Liberta-te do mal.* 1. ed., p. 98.)

Joanna de Ângelis / Divaldo Franco

O ser humano que pensa tem deveres para com a vida, iniciando-a nas responsabilidades em relação a si mesmo, ao ato de viver e de sentir, de compreender e de amar...

(*Psicologia da gratidão*. 2. ed., p. 177.)

Pensamentos de Joanna de Ângelis

A gratidão possui

esse maravilhoso mister de

transformar o mundo e

tornar as pessoas

mais belas e

mais queridas.

(*Psicologia da gratidão.* 2. ed., p. 88.)

Joanna de Ângelis / Divaldo Franco

Somente o amor preenche o imenso vazio da alma. Nesse lugar silencioso e solitário do coração, o amor deve inaugurar o seu primado, irradiando-se como soberana luz em todas as direções.

(*Momentos de renovação*. 3. ed., p. 13.)

Pensamentos de Joanna de Ângelis

Um coração rico de alegria e
uma *estação mental* que irradia
beleza e paz, são as mais elevadas
expressões do amor embutido
no ser que se autoconquistou e
expande-se na direção
das demais criaturas.

(*Garimpo de amor*. 5. ed., p. 184.)

Faz-se necessário que perseveres fiel ao Amor até o fim dos teus dias na Terra, no formoso esforço da autoiluminação.

(*Liberta-te do mal.* 1. ed., p. 119.)

Consciência e saúde

Joanna de Ângelis / Divaldo Franco

Cada ser vive com

a consciência

que estrutura.

(*Plenitude*. 18. ed., p. 35.)

Pensamentos de Joanna de Ângelis

Podes e deves ser feliz.

Esta é a tua

liberdade de escolha.

(*Momentos de saúde e de consciência.*
1. ed., p. 16.)

Joanna de Ângelis / Divaldo Franco

És senhor do teu destino,

e ele tem para ti,

como ponto de encontro,

o infinito.

(*Momentos de saúde e de consciência.*
1. ed., p. 16.)

Pensamentos de Joanna de Ângelis

Todas as experiências

no trânsito carnal

contribuem para

a evolução do ser que

está no rumo da plenitude.

(*Rejubila-te em Deus.* 1. ed., p. 131.)

Joanna de Ângelis / Divaldo Franco

O cultivo das ideias pessimistas, geradoras de enfermidades e dissabores, angústias e tragédias, deve ser substituído pelos pensamentos saudáveis, produtivos, responsáveis pelos bens da vida.

(*Momentos de saúde e de consciência.* 1. ed., p. 20.)

Pensamentos de Joanna de Ângelis

Quem pensa retamente

encontra-se consigo mesmo,

com o seu próximo

e com Deus.

(*Plenitude*. 18. ed., p. 99.)

Os pensamentos armazenados no teu inconsciente constituem a tua identidade perante a vida, e será com eles que despertarás além do corpo, quando a desencarnação arrebatar-te na direção da imortalidade.

(*Libertação do sofrimento*. 1. ed., p. 59.)

Pensamentos de Joanna de Ângelis

A mente, exteriorizando os níveis

psicológicos,

é responsável pelas atitudes,

por expressar a

realidade espiritual

de cada um.

(*Momentos de saúde e de consciência.*
1. ed., p. 19.)

Joanna de Ângelis / Divaldo Franco

Educar-se a mente,
disciplinando-se o
pensamento,
constitui recurso valioso
para a saúde espiritual,
para o êxito
da reencarnação.

(*Ilumina-te*. 1. ed., p. 18.)

Pensamentos de Joanna de Ângelis

A saúde resulta de vários fatores que se conjugam em prol da harmonia psicofísica da criatura humana. Procedente do Espírito, a energia elabora as células e sustenta-as no ministério da vida física, assim atendendo à finalidade a que se destinam.

(*Momentos de saúde e de consciência.* 1. ed., p. 79.)

Joanna de Ângelis / Divaldo Franco

Preserva a tua serenidade
a qualquer preço,
seja qual for a situação
em que te encontres ou
que se te apresente.

(*Liberta-te do mal.* 1. ed., p. 118.)

Acautela-te do
mal através de
todo o bem que
possas movimentar.

(*Liberta-te do mal.* 1. ed., p. 79.)

Joanna de Ângelis / Divaldo Franco

Na escala dos acontecimentos morais que dizem respeito à saúde integral, merece destaque a contribuição terapêutica do perdão das ofensas.
[...] Usa a terapia do perdão e conseguirás a inefável leveza da consciência tranquila.

(*Liberta-te do mal*. 1. ed., p. 141 e 144.)

O ressentimento é tóxico que mata aquele que o carrega. Enquanto vibra na emoção, destrambelha os equipamentos nervosos mais sutis e produz disritmia, oscilação de pressão, disfunções cardíacas. Não vale a pena deixar-se envenenar pelo ressentimento.

(*Momentos de saúde e de consciência.*
1. ed., p. 52.)

Joanna de Ângelis / Divaldo Franco

Jamais coletes na mente
e no sentimento o
lixo tóxico do ressentimento,
do ódio, da amargura,
que te fará imprevisto mal. És o
que de ti mesmo fazes.

(*Ilumina-te*. 1. ed., p. 42.)

[...] A maior vítima do ódio é aquele que o carrega. Vivendo-lhe a constrição ultrajante torna-se infeliz e contagia de mal-estar todos quantos lhe experimentam a convivência.

(*Momentos de renovação*. 3. ed., p. 102.)

Joanna de Ângelis / Divaldo Franco

Sempre que errares, recomeça com o entusiasmo inicial. A dignidade, a harmonia, o equilíbrio entre a consciência e conduta têm um preço: a perseverança no dever.

(*Momentos de saúde e de consciência.*
1. ed., p. 45.)

Pensamentos de Joanna de Ângelis

À luz da Psicologia Profunda, o perdão é superação do sentimento perturbador do desforço, das figuras de vingança e de ódio através da perfeita integração do ser em si mesmo, sem deixar-se ferir pelas ocorrências afligentes dos relacionamentos interpessoais.

(*Jesus e o Evangelho à luz da Psicologia Profunda.* 4. ed., p. 87-88.)

Joanna de Ângelis / Divaldo Franco

Administra os teus conflitos.

O conflito psicológico

é inerente à natureza humana e

todos o sofrem.

(*Momentos de saúde e de consciência.*
1. ed., p. 99.)

Pensamentos de Joanna de Ângelis

A perfeita identificação dos conflitos vem facultando que sempre se aspire pela aquisição do bom e do belo, como metas da saúde e do bem-estar.

(*Psicologia da gratidão*. 2. ed., p. 236.)

Joanna de Ângelis / Divaldo Franco

Na problemática das enfermidades não deve ser descuidada a observação de que o Espírito é, em si mesmo, o doente, em face dos seus atos nas experiências reencarnatórias do passado.

(*Atitudes renovadas*. 2. ed., p. 119.)

Pensamentos de Joanna de Ângelis

A dor, porém,

não é uma punição.

Antes, revela-se um excelente

mecanismo da vida a serviço da

própria vida.

(*Plenitude*. 18. ed., p. 14.)

Joanna de Ângelis / Divaldo Franco

A saúde integral merece o máximo contributo de todos os indivíduos, especialmente daqueles que travaram relacionamento com o Evangelho de Jesus, o mais valioso tratado psicoterapêutico de que a Humanidade tem notícia.

(*Liberta-te do mal*. 1. ed., p. 141.)

Quando o ser humano atinge a maturidade psicológica, os seus atos caracterizam-se pelo equilíbrio, honradez e dignidade, confirmando o seu estado de evolução, que o diferencia do biótipo comum ainda transitando na infância do conhecimento de si mesmo.

(*Liberta-te do mal*. 1. ed., p. 169.)

O autoconhecimento é uma

necessidade urgente

para todo aquele que

descobre o valor da

conscientização da

sua existência.

(*Entrega-te a Deus*. 1. ed., p. 107.)

Quanto mais a consciência aprofunda o autoconhecimento, mais fáceis se lhe tornam os esforços para a aquisição da plenitude, do que Jesus denominou como o *Reino dos Céus dentro de cada um.*

(*Ilumina-te*. 1. ed., p. 179.)

Joanna de Angelis / Divaldo Franco

A busca da plenitude constitui a meta essencial da consciência lúcida que descobriu os valores reais da vida e superou os equívocos do *ego* no processo de evolução do ser espiritual.

(*Momentos de saúde e de consciência.*
1. ed., p. 173.)

Pensamentos de Joanna de Ângelis

Uma consciência sem culpa, um caráter reto e um coração afável – eis os fatores necessários para a paz.

(*Momentos de renovação*. 3. ed., p. 34.)

A verdadeira educação deve ter como meta formar cidadãos, criar condições dignificadoras para o indivíduo, fortalecimento dos valores ético-morais, porque os padrões exteriores mudam de situação a cada momento, enquanto os de natureza íntima permanecem como diretrizes de sabedoria geradora de paz interior.

(*Atitudes renovadas*. 2. ed., p. 127.)

Pensamentos de Joanna de Ângelis

A aquisição da consciência

é desafio da vida,

que merece exame,

consideração e trabalho.

(*Momentos de saúde e de consciência.*
1. ed., p. 98.)

Joanna de Ângelis / Divaldo Franco

A consciência não é inteligência no sentido mental, mas a capacidade de estabelecer parâmetros para entender o bem e o mal, optando pelo primeiro e seguindo a diretriz do equilíbrio, das possibilidades latentes, desenvolvendo os recursos atuais em favor do seu vir a ser.

(*Momentos de saúde e de consciência.*
1. ed., p. 126.)

O conhecimento ilumina

a consciência, especialmente

quando se trata das

conquistas do belo,

do amor, da sabedoria.

(*Jesus e vida*. 1. ed., p. 53.)

No silêncio dinâmico da mente que se direciona para os objetivos espirituais, encontra-se alegria e bem-estar, fruindo-se da harmonia que decorre da consciência lúcida.

(Ilumina-te. 1. ed., p. 18.)

Pensamentos de Joanna de Ângelis

O despertar da consciência faculta a responsabilidade a respeito dos atos, em face do desabrochar dos Códigos Divinos, que jazem em germe no ser.

(*Momentos de saúde e de consciência.*
1. ed., p. 137.)

Joanna de Ângelis / Divaldo Franco

O conhecimento da imortalidade conscientiza o ser para um comportamento ético elevado em relação ao seu próximo, tudo lhe fazendo conforme o padrão que lhe constitui ideal e que, por sua vez, gostaria de receber.

(*Momentos de saúde e de consciência.*
1. ed., p. 102.)

As verdadeiras raízes do ser humano encontram-se na vida espiritual de onde todos procedem; portanto, da imortalidade.

(*Libertação do sofrimento*. 1. ed., p. 137.)

Joanna de Ângelis / Divaldo Franco

A função da mente é pensar.

O hábito de pensar

amplia as possibilidades

de discernir.

(*Momentos de saúde e de consciência.*
1. ed., p. 142.)

Pensamentos de Joanna de Ângelis

O discernimento resulta do exercício da arte de pensar, que deve crescer de forma adequada, favorecendo o homem com a percepção do ser e do não ser, do correto e do errado, do justo e do abominável.

(*Momentos de saúde e de consciência.*
1. ed., p. 145.)

Joanna de Ângelis / Divaldo Franco

Fixa, nos painéis da memória, os teus momentos de júbilo, por mais insignificantes sejam. A sucessão deles dar-te-á uma vasta cópia de emoções estimuladoras para o bem.

(*Momentos de saúde e de consciência.*
1. ed., p. 155.)

Pensamentos de Joanna de Ângelis

A felicidade é constituída de pequenas ocorrências, delicadas emoções, sutis aspirações que se convertem em realidade, construções internas que facultam a paz interior.

(*Libertação do sofrimento*. 1. ed., p. 143.)

Joanna de Ângelis / Divaldo Franco

Ouvir com o coração

é também uma forma feliz

de falar com o coração,

mediante ou não

o uso de palavras.

(*Diretrizes para o êxito*. 3. ed., p. 78.)

Pensamentos de Joanna de Ângelis

O ideal de paz é inerente a todos os seres humanos, que o devem ampliar por meio da oração de recolhimento interior, da meditação que renova e revitaliza as energias, de rígido jejum à violência, essa cruel opositora do bem.

(*Diretrizes para o êxito*. 3. ed., p. 38.)

Considera-te como és:
um permanente aprendiz da vida.
Jamais te permitas a petulância
de pensar que és um ser especial,
catalogado como superior ou
portador de uma missão maior
do que a dos demais.

(*Libertação do sofrimento*. 1. ed., p. 129.)

Pensamentos de Joanna de Ângelis

Recorre à oração em todos os momentos da vida. Na saúde e na doença, na alegria e na tristeza, na riqueza e sem recursos, no êxito e no fracasso, ora confiante na resposta divina.

(*Momentos de saúde e de consciência.*
1. ed., p. 60.)

Joanna de Ângelis / Divaldo Franco

O Evangelho de Jesus é

fonte inexaurível de alegria

e de satisfações emocionais,

de autorrealizações e

de felicidade.

(*Libertação do sofrimento*. 1. ed., p. 48.)

Confiança em Deus

Joanna de Ângelis / Divaldo Franco

Deus é a força geratriz do Universo e de tudo quanto existe. Nada, ser algum jamais poderá alienar-se da Sua misericórdia nem do Seu amor.

(*Entrega-te a Deus*. 1. ed., p. 164.)

Pensamentos de Joanna de Ângelis

Cada ser humano

é um cosmo específico,

cuja origem perde-se

nos penetrais do infinito.

(*Psicologia da gratidão*. 2. ed., p. 81)

Joanna de Ângelis / Divaldo Franco

O Espírito foi criado para alcançar o infinito e possuir a sabedoria superior que o transforma em arcanjo.

(*Psicologia da gratidão*. 2. ed., p. 119.)

Nasceste para conquistar o Infinito, e isso depende exclusivamente de ti.

(*Entrega-te a Deus.* 1. ed., p. 61.)

Joanna de Ângelis / Divaldo Franco

O Espírito sempre viaja da sombra da ignorância para a luz do conhecimento, da síntese para a complexidade, do germe para a plenitude.

(*Rejubila-te em Deus*. 1. ed., p. 58.)

Pensamentos de Joanna de Ângelis

Em tua origem és luz avançando para a Grande Luz. Só há *sombras* porque ainda não te dispuseste a movimentar os poderosos geradores de energia adormecida no teu interior. Faze claridade, iniciando com a *chispa* da boa vontade e deixando-a crescer até alcançar toda potência de que dispõe.

(*Momentos de saúde e de consciência.* 1. ed., p. 139.)

Joanna de Ângelis / Divaldo Franco

A vida é um hino de louvor ao Pai Criador, que faculta aos Seus filhos os dons da imortalidade e da relativa perfeição que lhes cabe alcançar a esforço pessoal.

(*Entrega-te a Deus*. 1. ed., p. 74.)

Pensamentos de Joanna de Ângelis

A vida é um permanente desafio, rica de oportunidades de crescimento e penetração nos seus profundos arcanos, que se revelam cada vez mais fascinantes e grandiosos. Por isso, não cessa o desenvolvimento dos valores intelecto-morais do Espírito na sua faina de evoluir.

(*Plenitude*. 18. ed., p. 57.)

A vida, em consequência, rompe a barreira do mundo físico e das suas manifestações para expressar-se, em toda a sua plenitude, como de natureza energética ou espiritual, constituindo a realidade pulsante de onde emerge a de formação material, por onde o Espírito transita muitas vezes, em períodos breves estabelecidos entre o berço e o túmulo.

(*Em busca da verdade*. 2. ed., p. 226.)

Qualquer tentativa de submeter o infinito aos limites da finitude, assim como o absoluto às dimensões do relativo, redundará em frustração ou lamentáveis conclusões sem fundamento.

(*Liberta-te do mal.* 1. ed., p. 87.)

Joanna de Ângelis / Divaldo Franco

A relatividade do espaço-tempo já anuncia os limites da percepção, abrindo campo para as reflexões em torno de Deus cujo autógrafo em Sua criação é encontrado na própria Natureza, em toda a sua majestade.

(*Liberta-te do mal.* 1. ed., p. 87.)

Pensamentos de Joanna de Ângelis

Abarca, porém, a grandeza de Deus, contemplando a Sua obra, e deslumbrando-te com ela, nas mais complexas manifestações que consigas alcançar.

(*Libertação do sofrimento*. 1. ed., p. 154.)

Joanna de Ângelis / Divaldo Franco

A Natureza, em si mesma,
renovando-se, sem cessar,
e repetindo-se, eloquente,
é uma canção vibrante
de serviço ininterrupto.

(*Libertação do sofrimento*. 1. ed., p. 98.)

Pensamentos de Joanna de Ângelis

É diferente o tempo utilizado por um sábio e por um ignorante. Da mesma forma, ele é variável para quem espera e para quem deve chegar. Tem especificidade para o enfermo e para o saudável, assim como para o amor e para a indiferença...

(*Jesus e vida*. 1. ed., p. 155.)

Joanna de Ângelis / Divaldo Franco

Os ponteiros do relógio

retornam sempre ao lugar

por onde já passaram, todavia,

não mais trazem

de volta o tempo que se foi.

(*Momentos de renovação*. 3. ed., p. 49.)

Pensamentos de Joanna de Ângelis

Rejubila-te, sem queixa,
pela oportunidade de
aplicares o tempo que o Senhor
te concede na construção
da nova Humanidade
na qual te encontras.

(*Entrega-te a Deus*. 1. ed., p. 114)

Joanna de Ângelis / Divaldo Franco

À distância ou bem perto
do teu coração há *testemunhas*
que te seguem,
que te vigiam e que te amam,
agradecendo a
Deus a tua valorosa existência.

(*Liberta-te do mal*. 1. ed., p. 99.)

Pensamentos de Joanna de Ângelis

Quando a crença na imortalidade do Espírito é legítima, ocorre uma profunda mudança no indivíduo, que se ilumina pelo conhecimento libertador.

(*Liberta-te do mal*. 1. ed., p. 121.)

Joanna de Ângelis / Divaldo Franco

Dignifica-te quanto possível, respeitando Deus no relicário do coração e nos sublimes pensamentos que se transformam em conduta.

(*Liberta-te do mal.* 1. ed., p. 88.)

A Terra é bendita escola de aprendizagem dos valores elevados da vida, e ninguém se movimenta no orbe sem as marcas profundas operadas pelo sofrimento.

(*Liberta-te do mal.* 1. ed., p. 134.)

Joanna de Ângelis / Divaldo Franco

Uma existência humana é grande investimento da Divindade que a elaborou, tendo por meta o seu crescimento moral e espiritual, na superação dos atavismos do comportamento inicial, para alcançar os patamares sublimes da perfeição relativa que lhe está destinada desde o começo.

(*Liberta-te do mal*. 1. ed., p. 166.)

Pensamentos de Joanna de Ângelis

Todos os seres são de essência
Divina, porque procedentes do
Psiquismo Criador,
que estabelece o processo
de evolução mediante
as experiências infinitas
do progresso incessante.

(*Jesus e o Evangelho à luz da Psicologia
Profunda*. 4. ed., p. 131.)

Joanna de Ângelis / Divaldo Franco

Na sua condição de ensementador, o Espírito é o ceifador daquilo que produz, sendo sempre convidado a retornar pelos campos da ação executada, a fim de reunir os bons e maus frutos que ficaram aguardando-o.

(*Liberta-te do mal.* 1. ed., p. 36.)

O carinho na infância,
o amor e a ternura, ao lado do
respeito à criança,
são fundamentais para
uma vida saudável,
plenificadora.

(*Momentos de saúde e de consciência.*
1. ed., p. 107.)

Joanna de Ângelis / Divaldo Franco

A juventude é a quadra própria para a preparação da existência, breve ou longa, em que o sentido da vida caracterizar-se-á pela construção do futuro feliz, sem a perda da alegria inefável de viver com júbilo e harmonia.

(*Liberta-te do mal.* 1. ed., p. 47.)

Pensamentos de Joanna de Ângelis

O idoso amadurecido realiza-se em constantes experiências de amor e vivências culturais, emocionais, sociais, beneficentes, livres do passado, das reminiscências que lhe constituem prazer fruído, no entanto, sem sentido.

(*Momentos de saúde e de consciência.* 1. ed., p. 123.)

Joanna de Ângelis / Divaldo Franco

A mulher e o homem

poderosos na Terra

são portadores de grave

responsabilidade perante a

Consciência Cósmica.

(*Jesus e vida*. 1. ed., p. 129.)

Pensamentos de Joanna de Ângelis

A alegria de viver

é a maneira adequada

de agradecer a Deus

a bênção da

reencarnação.

(*Entrega-te a Deus*. 1. ed., p. 78.)

Joanna de Ângelis / Divaldo Franco

Ninguém alcança a meta

que fascina a distância,

se não se resolve por

dar o primeiro passo,

que é decisivo na marcha.

(*Entrega-te a Deus*. 1. ed., p. 44.)

Pensamentos de Joanna de Ângelis

Não te permitas,

em circunstância nenhuma,

o abismo da revolta geradora

da tristeza e da melancolia

de longo e pernicioso curso.

(*Entrega-te a Deus.* 1. ed., p. 78.)

Joanna de Ângelis / Divaldo Franco

Quem não tropeça jamais avança, porque todo caminho apresenta dificuldade e somente isso acontece a quem se encontra de pé, prosseguindo adiante.

(*Psicologia da gratidão*. 2. ed., p. 75.)

Pensamentos de Joanna de Ângelis

As armadilhas do mal
são contínuas e apresentam-se
em variadas formas,
pois que o seu objetivo é a
desistência dos lidadores
da verdade, do amor,
da divulgação da Luz,
da vivência da fraternidade...

(*Jesus e vida*. 1. ed., p. 60.)

Joanna de Ângelis / Divaldo Franco

Se te encontras desiludido e magoado com os desafios da existência corporal, para um pouco na corrida do desencanto a que te entregas e ouve a música sem par do Evangelho de Jesus.

(*Ilumina-te*. 1. ed., p. 101.)

Pensamentos de Joanna de Ângelis

Se experimentas solidão e desconforto, guarda a confiança em Deus e avança, mesmo que chorando, na expectativa dos reencontros felizes e das alegrias inefáveis.

(*Atitudes renovadas*. 2. ed., p. 29.)

Joanna de Ângelis / Divaldo Franco

As atitudes renovadas abrem espaço para novas aspirações e futuras conquistas,
que aguardam o indivíduo que aspira à paz e ao encontro com a perfeita identificação
com os objetivos gloriosos que a vida lhe propõe.

(*Atitudes renovadas.* 2. ed., p. 12.)

Pensamentos de Joanna de Ângelis

O Evangelho de Jesus é um incomparável tratado literário rico de preciosas lições que se tornam, cada vez mais, úteis a todos quantos lhe tomam conhecimento.

(*Rejubila-te em Deus*. 1. ed., p. 73)

Joanna de Ângelis / Divaldo Franco

A fé, em qualquer forma que se apresente, é estímulo de alto significado para uma existência feliz e saudável, portanto, para a contribuição eficaz para a individuação.

(*Em busca da verdade.* 2. ed., p. 245.)

Pensamentos de Joanna de Ângelis

A oração é o mecanismo sublime que permite a mudança de onda para campos mais sensíveis e elevados do Cosmo. Orar é ascender na escala vibratória da sinfonia cósmica.

(*Rejubila-te em Deus*. 1. ed., p. 49)

Joanna de Ângelis / Divaldo Franco

A oração é campo onde se expande a consciência e o Espírito eleva-se aos páramos da Luz imarcescível do Amor inefável.

(*Rejubila-te em Deus*. 1. ed., p. 52.)

Pensamentos de Joanna de Ângelis

A oração é emanação do pensamento bem-direcionado e rico de conteúdos vibratórios que se expande até sincronizar com as ondas equivalentes, assim estabelecendo o intercâmbio entre a criatura e o Criador.

(*Jesus e o Evangelho à luz da Psicologia Profunda*. 4. ed., p. 253.)

Joanna de Ângelis / Divaldo Franco

Atravessando a tua noite escura

da alma, ora e confia,

trabalha e persevera,

porque após a densidade

da meia-noite,

começa o amanhecer,

mesmo sem que notes as luzes

que, em breve,

dominarão o dia...

(*Atitudes renovadas*. 2. ed., p. 55.)

O silêncio íntimo,
que permite ouvir-se a *voz da consciência*, é de alta relevância para uma existência feliz, porque permite saber-se o que realmente se deseja produzir e como fazê-lo de maneira excelente.

(*Liberta-te do mal.* 1. ed., p. 43.)

Joanna de Ângelis / Divaldo Franco

...E Jesus continua esperando

no fim da trilha percorrida por

aqueles que tiveram a

coragem de completá-la.

(*Liberta-te do mal*. 1. ed., p. 32.)

Pensamentos de Joanna de Ângelis

Onde quer que

te encontres e

conforme estejas,

estás sob o comando de Deus.

(*Entrega-te a Deus*. 1. ed., p. 146.)